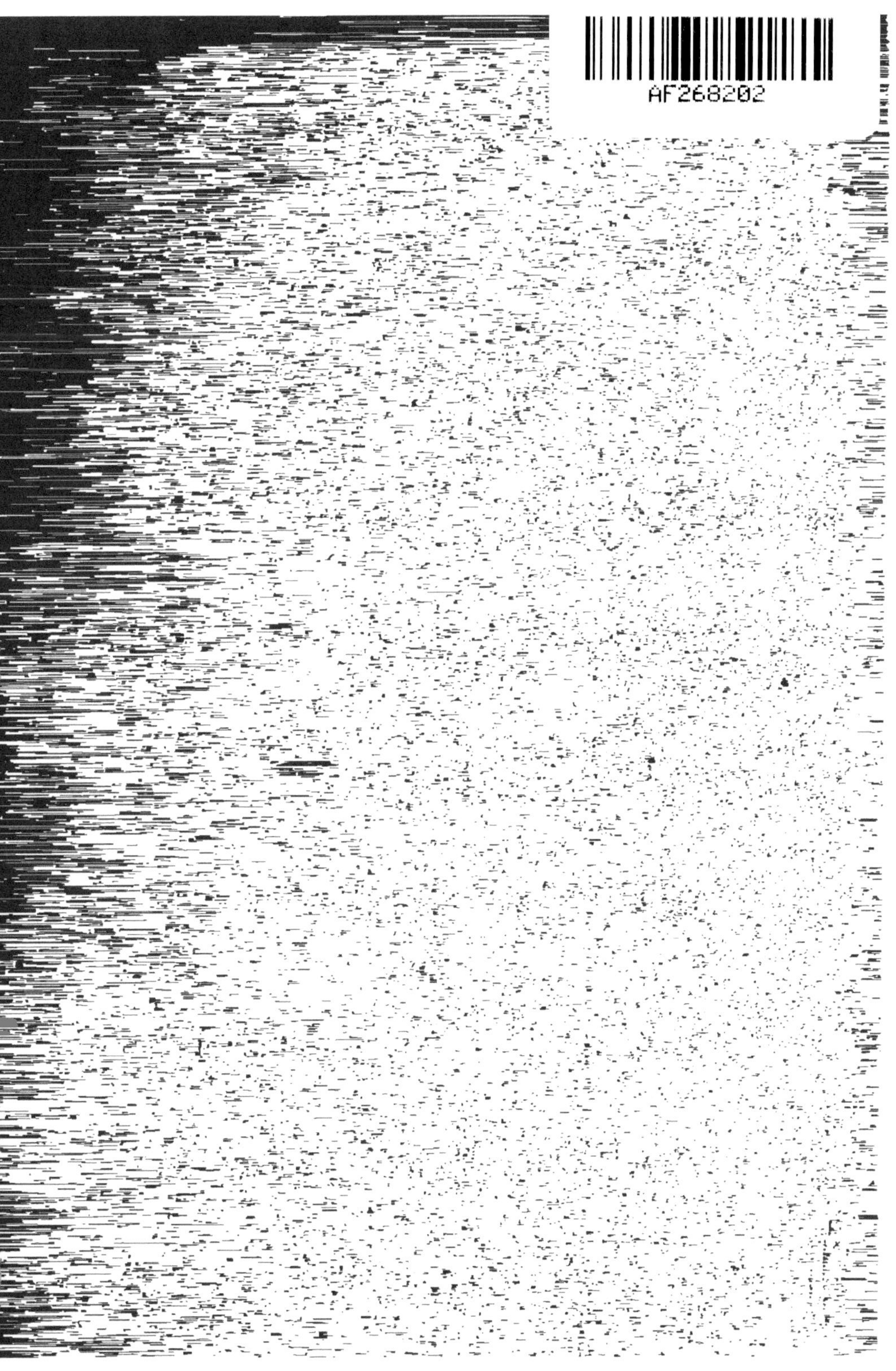
AF268202

# LA VÉRITÉ DÉVOILÉE.



DE quoi s'agit-il ? d'éclairer, par des faits vrais, la religion d'un Ministre républicain sur la moralité d'un de ses agens. Ces faits, dans la vue d'abréger, seront réduits à un très-petit nombre; et pour y répandre plus de jour, on les fera précéder d'un précis historique.

## PRÉCIS.

Le Dépôt général de la guerre a pour directeur le général de brigade Meunier, qui a pour adjoint *l'agent en question*, le cit. Picault *dit* Desdorides qualifié général de division. Celui-ci servoit dans la guerre de la Vendée; lorsque devenu l'objet d'une dénonciation, il a dès-lors cessé d'être en activité de service. On s'abstient d'en dire davantage. C'est lui qui, sous le nom d'adjoint, dirige le Dépôt.

Ce Dépôt, qui en moins de deux ans, a changé trois fois de nom, quatre fois de directeur et subi, d'une manière plus ou moins marquée, jusqu'à sept réformes; comprenoit, en l'an 4, deux subdivisions avec une classe de savans, sous la direction du général de brigade Calon. Le traitement étoit de six mille francs pour les chefs de subdivision et de cinq mille, pour les membres de la classe.

Tel étoit l'état des choses; lorsque le cit. Pétiet devenu Ministre de la guerre envoya au Dépôt le cit. Desdorides y prendre place dans la classe des savans, en qualité d'historiographe militaire, aux appointemens fixes de cinq mille f. avec cent pistoles en sus. On s'abstient également de s'appesantir, sur une augmentation de traitement qu'aucun service du moins apparent ne pouvoit justifier. On se bornera à observer qu'en fait d'histoire, on n'a rien vu encore de la façon du cit. Desdorides, qu'aucune production littéraire n'a jusqu'ici tiré de l'obscurité.

Bientôt, les subdivisions furent supprimées; on renvoya tous les savans, excepté l'historiographe, qui fut créé chef de tous les bureaux.

Le général Calon fut remplacé par le général Dupont, à qui l'on donna pour adjoints l'historiographe et un ex-chef de subdivision, créatures, celui-ci, du Ministre Cochon; et celui-là, du Ministre Pétiet.

Vint le 18 Fructidor, époque où le général Dupont fit place au général Eruouf sous le Ministère du général *Sché-rer*. Les deux adjoints également fertiles en ressources, trouvèrent également le secret de se maintenir en place.

Enfin, au général Ernouf a succédé le général Meunier, qui détruisant ce qu'avoit fait son prédécesseur, a provisoirement introduit, en Prairial dernier, une nouvelle réforme, ( *a* ) dans laquelle l'historiographe est resté seul en possession de la place d'adjoint.

# FAITS.

Compris dans cette réforme, j'ai distribué aux Représentans un écrit, *les Pourquoi*, dans lequel, loin de charger le tableau, j'en ai adouci les teintes le plus que j'ai pu; mais j'y ai inséré, sur l'historiographe, deux notes, ( *a* )

---

(*a*) Cette réforme a été si peu réfléchie qu'on a successivement réintégré des individus qu'elle avoit enveloppés. Le vice des fausses combinaisons, celui des inconséquences et de la partialité y est si frappant, qu'il n'est pas possible de se refuser à l'idée que cette prétendue réforme n'est qu'une conception sortie du cerveau de l'adjoint.

(*b*) Voyez les notes, pages 2 et 11 dans *les Pourquoi.*

qui, pour être trop vraies quoique dictées par la modération, m'ont attiré de sa part, sous le titre de *réplique à son libelle*, des invectives rimées, suivies d'une menace, qu'il a mise en prose sous le nom de *Gourdin*.

Ce cadeau n'est point signé de lui ; mais il l'a écrit tout entier de sa propre main, voulant montrer que chez lui le jugement va de pair avec le courage : et pour mieux faire éclater le respect qu'il porte à la morale et aux convenances, il a prudemment fait passer de main en main ce chef-d'œuvre dans l'enceinte du Dépôt, et chargé un employé, l'un de ses subalternes, de me le remettre ouvert, certain par-là que personne ne pourra lui en disputer l'honneur. C'est ainsi que la vanité trahit l'hypocrisie.

Cette production laisse par tout appercevoir le soin scrupuleux que l'auteur a pris d'ortographier et sur-tout de ponctuer suivant les regles : et comme il ne seroit pas juste qu'entre mes mains, un tel morceau perdît rien du mérite qu'y attache l'historiographe ; je vais à mon tour, faisant taire tout amour-propre, en copier courageusement toutes les beautés avec la plus scrupuleuse fidélité, me bornant néanmoins pour tout commentaire, à distinguer les endroits les plus saillans.

« *Réplique à Son libelle*

Infâmes Embryons ; *insectes Ephéméres* ;
*Vils enfans du Courroux* ; Nés et morts tour à tour.
Accês laborieux ; *Excrémens* des Viscères ;
*Vilains* ! ... *allez finir où vous* prites le jour
Par Gourdin, *Citoyen qui*, *tot ou tard*, *Se fera*
*Connoitre du faiseur de Libelles* »

Ce madrigal, qui donne la mesure exacte de l'esprit et du cœur de l'adjoint Desdorides, fournit, avec la même précision, celle de ses connoissances et de son goût. Il sert de pendant aux soufflets qu'un jour, sans provocation quelconque et pour toute réponse, le cit. Desdorides-Gourdin a largement administrés , dans le Dépôt même, à un employé républicain, qui s'excusoit de s'être absenté la veille parce qu'il avoit été de garde. Pour donner , en cette occasion , le change aux autres employés , qui placés dans des pièces voisines et pouvant tout entendre ne pouvoient rien voir ; le cauteleux Desdorides, d'une main vigoureuse, distribuoit tout bas les soufflets dans le tête à tête , pendant qu'il apostrophoit tout haut celui qu'il souffletoit , criant bien fort *mon ami* . . . . *mais mon cher ami* . . . . c'est ainsi que dans Britannicus , Néron dit :

« J'embrasse mon rival mais c'est pour l'étoufer »

Grace à l'intrigue accourue pour sauver son favori ; cet écart n'a abouti qu'à une vive scène , qui s'est passée entre le dispensateur de soufflets et le général Ernouf alors directeur. Sans doute qu'un tel excès méritoit qu'on en fît autrement justice : mais en regle comme un émigré, le cit. Picault - Desdorides a des patriotes de toutes les couleurs à sa disposition ; et rien n'égale sa richesse en ce genre , si ce n'est l'art qu'il possède à merveille de s'en servir au besoin , suivant les circonstances.

Cet oubli de toute pudeur eut lieu à l'époque où les royalistes avoient acquis la conviction qu'ils n'avoient plus rien à craindre du 18 Fructidor , jour où l'on vit l'humble Desdorides fraternisant avec les employés , promener de l'un à l'autre , sa tabatière , offrant amicalement de son tabac à qui vouloit bien en prendre ; lui qui , peu de jours auparavant, fier d'avoir le vent en poupe , me emandoit , avec un ton qui annonçoit plus que de l'humeur, pourquoi , sans son aveu , j'avois été assez osé que d'adresser au directeur du Dépôt une lettre , qu'il savoit cependant ne rien contenir qui eût trait soit à l'adjoint soit au service du Dépôt. *Ignorez-vous* , me répétoit cet esprit superbe , *ignorez - vous qu'il y a des cascades ?*

La pureté de son civisme ne le cède en rien à la

hauteur de ses sentimens, et les seuls cartons du Dépôt en font foi. Sous la direction du général Calon , ils portoient les attributs de la liberté ; sous la direction du général Meunier , ces signes ont disparu. Son adjoint , dont ils offusquoient la vue , les a masqués\ par de larges bandes de papier blanc . sur lesquelles il a étalé avec complaisance ses vues étroites et son bousillage.

Quant à son poème , qui est au dessus de toute épithète , les mots qu'il y a mis tous au pluriel font clairement voir que sans me ren.re coupable d'infidélité , je ne puis , comme dépositaire , détacher tout au plus qu'une fleur du bouquet ; et que le reste appartient évidemment à tous ceux qui partagent mon républicanisme. En effet, à quelle époque m'a-t-on adressé ce compliment ? C'est lorsque les royalistes assimilant le 30 Prairial au 18 Fructidor, portent la frénésie jusqu'à espérer de voir bientôt s'opérer en leur faveur un nouvel ordre de choses. C'est alors que jettant - là le masque, l'adjoint ne garde plus de mesure. Il insulte à la vérité en qualifiant de *libelle* un imprimé qu'il sait être accompagné de mon nom , de celui de mon imprimeur et de mon adresse : il insulte aux Commissions des inspecteurs . qui en ont permis la distribution : et associant le nom de *Gourdin* au nom plus noble mais moins énergique de Desdorides, il insulte à tous les républicains, qui tous ne sont plus à ses yeux que des *embryons* , des *insectes* , des *excrémens* , des *vilains* &c. Dans son style plus que gothique , il appele *accès laborieux* , les mémorables événemens de notre révolution ; et dans l'attente impie d'un bouleversement qu'il croit prochain , il savoure déjà le barbare plaisir de la vengeance.

Si dans ses rimes , il s'est abstenu de me nommer ; s'il s'est abstenu d'attacher à ce fruit de son délire , le nom sous lequel il est plus généralement connu ; ce n'a été que pour nous prouver que l'historiographe Picault-Desdorides-Gourdin sait marcher d'un pas ferme , dans les ténébreux sentiers de l'artifice et se ménager à propos une porte de derrière. (a)

---

(a) J'ai réservé, pour en faire la matière d'un article à part et comme dernier coup de pinceau, ce qui m'est personnel. Ici comme là, je serai aussi soigneux d'abréger qu'attentif à ne rien articuler que de vrai.

A peine, le cit. Desdorides fut-il devenu chef de tous les bureaux, qu'il ne me laissa plus voir en lui qu'un ennemi caché sous les dehors d'une fausse politesse. Ne pouvant goûter ma manière de travailler, encore moins ma façon de voir et profitant de la faveur dont il jouissoit, il fit en secret réduire par degrés mon traitement de six mille à quatre mille huit et à trois mille six cents francs, éloignant soigneusement de moi tout ce qui pouvoit me mettre en évidence, jusqu'à ce qu'il pût réaliser son projet de m'éconduire entièrement.

Devenu rédacteur contre son gré, j'obtins, non sans peine, de rédiger une des campagnes du mal. de Broglie. Ma rédaction étoit trop bien soignée pour être accueillie. Faire plutôt vite que bien est la grande maxime de l'adjoint Desdorides, la mienne au contraire est de me hâter lentement. D'ailleurs, en fait de rédaction, l'historiographe prétendoit, ce qu'il n'a pas craint d'affirmer publiquement, que pour bien manier la plume, il falloit avoir manié le mousquet ; raison, pourquoi l'on ne m'a plus donné de campagne à rédiger.

Malgré l'adjoint, j'avois obtenu un petit réduit, que j'avois sollicité pour y travailler dans l'isolement ; afin que moins distrait, je fisse de la meilleure besogne. Au bout de quelques mois, on m'a ôté ce réduit ; après quoi, l'on m'a ôté ma place.

Outre que mon républicanisme étoit trop bien prononcé ; c'est que je venois de composer, en faveur des écoles publiques, un ouvrage élémentaire, qui d'avance a obtenu, de ceux-là même qui doivent prononcer sur le mérite de mon manuscrit, l'approbation la plus flatteuse. En falloit-il davantage pour que l'adjoint se hâtât de combler la mesure en me faisant sous main comprendre dans la dernière réforme ? On sait qu'il ne lui faut que des créatures qui lui soient dévouées et sur les quelles son génie puisse planer à son aise.

Après tout ce que je viens de dire et je suis loin d'avoir tout dit, il est aisé d'apprécier et la réserve dont j'ai usé dans *les pourquoi* et le procédé dont elle a été payée depuis ; il est aisé de voir, par la manière dont j'attaque, combien l'intrigue est étrangère à mon caractère.

*17 Messidor, an 7.* MAUDRU.

# MAUDRU,

*Au général de brigade MEUNIER, directeur du Dépôt général de la guerre.*

J'ai appris, Citoyen, que mes *Pourquoi* vous avoient déplu ; et que dans ce qui y précède mes vers sur Buonaparte, le doute que j'ai élevé sur votre candeur vous avoit paru injurieux. Comme il n'est point dans mon caractère d'offenser gratuitement qui que ce soit : examinons, vous et moi, la chose de plus près ; que toute prévention se taise ; et voyons, avec le sang froid de la raison, jusqu'à quel point vous êtes fondé à vous plaindre.

Vous avez écrit (*a*) que dans la réforme récemment opérée sous vos yeux, au Dépôt de la guerre, *les employés y avoient été réduits au nombre strictement nécessaire pour la conservation du matériel des archives* ; et cette réduction, vous l'avez présentée comme l'unique cause de la suppression de ma place de rédacteur. Cela étant, pourquoi avez-vous conservé un adjoint ? Vous en aviez deux, vous en avez supprimé un, que ne les supprimiez-vous, tous les deux ? Lorsque je suis entré au Dépôt, il n'y avoit point d'adjoint et la chose n'en aloit pas plus mal. Le Dépôt alors formoit une division ; au lieu qu'aujourd'hui, il est réduit à n'être qu'une subdivision : il peut donc plus que jamais se passer d'un adjoint. Quoi qu'il en soit, il n'a pas plus besoin d'adjoint que d'historiographe, que de.... je m'arrête. Un conservateur des archives, un commis d'ordre, un secrétaire et quelques expéditionnaires, subordonnés tous à un chef unique, laborieux et dont l'inspection auroit également embrassé les dessinateurs attachés au Dépôt ; voilà, d'après votre plan, les seuls agens dont vous aviez réellement besoin. Sont-ce-là

(*a*) Voyez attestation n°. 13 dans *les Pourquoi*.

les seuls que vous ayez gardés ? En dépit de ce plan et postérieurement à la réforme, n'avez-vous pas créé des rédacteurs, créé des traducteurs, organisé une partie historique ? (a) N'est-il pas vrai que tel, avant la réforme, n'étoit qu'expéditionnaire, qui depuis est devenu rédacteur ? N'est-il pas vrai qu'entre vos traducteurs, en donnant à qui sait l'anglois, le simple titre de traducteur, vous avez donné celui de traducteur de plusieurs langues à qui ne sait que l'italien ? Je ne veux déprimer aucun talent, je ne veux établir aucune comparaison : mais j'ai traduit de plusieurs langues, mais mes traductions ont été imprimées et goûtées, j'ai fait mes preuves, il ne vous étoit pas permis de l'ignorer ; et vous m'avez renvoyé parce que vous aviez besoin de traducteurs ! Il vous falloit un traducteur de plusieurs langues ! Et parce que j'étois le seul qui réunissois celles dont vous aviez besoin, vous en avez conclu que par économie, j'étois celui qu'il falloit réformer ! Vous avez conclu que pour le bien de la chose, c'étoit sur moi que devoit tomber la réforme ; parce que le Dépôt possède des matériaux dans une langue qui n'est connue que de moi ! Enfin, j'étois rédacteur et vous m'avez renvoyé parce que vous aviez besoin de rédacteurs !

De deux choses, l'une : ou vous n'aviez qu'un plan, qui n'avoit pour objet que la *conservation du matériel des archives*; et alors, pourquoi tout cet attirail d'adjoint, de rédacteurs, de traducteurs &c. &c. ? Ou ce plan n'a été présenté tel que pour en cacher un autre que vous teniez en réserve ; et alors, quelle idée voulez-vous qu'on ait d'une semblable mesure ? Passons outre.

Il existe, avez-vous dit, (b) un état des employés à conserver, état qui, selon vous, a été approuvé par le

_______________

(a) J'ai vu, dans le secrétariat du Dépôt et parcouru, moi-même, le plan de cette organisation.

(b) Voyez ma lettre de réforme dans *les pourquoi*.

Directoire exécutif: et parce que le Directoire , en le sanctionnant , vous a mis dans l'impossibilité de vous en écarter en rien ; vous avez , au mépris de cette sanction ; successivement forcé , depuis la réforme , plusieurs individus quoique portés sur cet état , à sortir du Dépôt. Ils ont été contraints à faire place à d'autres individus qui , exclus de ce même état , avoient par-là perdu le droit de rentrer en possession de leur emploi.

Vous vous piquez d'être républicain , c'est-à-dire ami sincère de la justice , ami de la chose plutôt que de l'individu. Cela posé , à mérite égal , parmi les employés , soit pour les conserver soit pour les réintégrer , pourquoi avez-vous préféré le plus nouveau au plus ancien et l'homme qui a le plus de fortune, à celui qui en a le moins ? Est-ce l'intérêt de la chose que vous avez eu en vue plutôt que l'intérêt de la personne ; lorsque vous avez permis que celui qui a le moins de capacité, obtînt la préférence sur celui qui en a le plus ?

Vous vous piquez de candeur. Que signifient donc ces notes fabriquées avant la réforme , sur le compte des employés et dont on m'a depuis montré une copie, qui m'a paru très fidelle ? N'y a-t-on pas orné d'éloges plus ou moins pompeux , les noms de certains employés que l'on vouloit soustraire à la réforme ; tandis qu'à côté de plusieurs autres noms , pour tout éloge , on lisoit *bon à conserver*, nouveau mot d'ordre , qui signifioit bon à renvoyer. Ce mot d'ordre étoit le seul éloge qui accompagnoit mon nom ; et qui rapproché des lettres si obligeantes que depuis la réforme , vous avez écrites à mon sujet, ( *a* ) me fait connoître toute l'étendue des obligations que je vous ai. C'est ainsi que le soin que vous avez pris de rejetter la réforme sur le Ministre Milet-Mureau , qui vous payant

---

( *a* ) Voyez attestations 12 et 13 dans *les pourquoi.*

de retour vous l'a renvoyée toute entière ; me laisse voir avec la même évidence de quel côté est la véracité.

Vous voyez, Citoyen, que je me borne à des faits dépouillés de réflexions. Forcé que je suis d'y ajouter foi mais voulant user de ménagemens , je m'interdis toute épithète. Je n'ai voulu que vous opposer un instant à vous-même ; et c'est pour cela qu'au lieu de l'agrandir, j'ai singulièrement rétréci le cercle de mes observations. Que dans une réforme, que vous avez soumise à tant de manipulations (a), vous n'ayez été que l'instrument trop docile d'un hypocrite subalterne adroitement caché derrière la toile ; c'est ce que je n'ai nulle peine à croire. Je connois le caméléon et je l'ai signalé plus haut. Mais il n'en est pas moins vrai que seul agent ostensible, vous êtes seul responsable au tribunal de l'opinion publique ; vous êtes responsable des résultats ; si ce n'est pas de l'intention , qui chez vous peut avoir été droite. Je vais

---

(b) C'est véritablement une lanterne magique que le Dépôt général de la guerre ; il semble que ce soit-là que la folie, depuis certaine époque, s'est particulièrement plu à agiter son grelot. Successivement connu sous le nom de Dépôt général de la guerre et de la géographie , sous celui de Dépôt de la guerre et sous celui de Dépôt général de la guerre , il a été démembré sans nulle raison et transféré de place en place avec aussi peu de raison. Formant tantôt une division et tantôt une simple subdivision, en moins de deux ans, il a quatre fois changé de directeur ; d'abord , sans adjoint ; puis, avec un adjoint ; ensuite, avec deux adjoints et enfin, avec un seul adjoint. Un pur esprit de désorganisation en a détaché la partie administrative, que de misérables intérêts ont depuis morcelée et reléguée ensuite çà et là : et c'est après un tel démembrement fait avec une précipitation sans exemple, qu'afin de couronner l'œuvre, on a ôté à cet établissement ainsi mutilé son vrai nom de Dépôt de la guerre, pour lui donner celui de Dépôt général de la guerre. Aujourd'hui, ce Dépôt, qui est général sans l'être, dépend sans en dépendre, du chef de la 3e. division, de laquelle il fait partie ; et n'a subi une septième réforme que pour en subir tôt ou tard une huitième.

plus loin; et pour vous prouver combien il entre peu
d'aigreur dans ma façon de penser et d'agir à votre égard,
j'avouerai franchement que depuis la réforme, dont le
mode est la seule chose qui excite mes justes réclamations,
je n'ai eu qu'à me louer de l'accueil que j'ai reçu de vous:
mais ce ne sont-là que les dehors de la place. Peut-être,
m'objectera-t-on qu'en vous parlant ainsi, je détruis l'effet
des lettres que vous avez écrites en ma faveur. A cela je
répondrai que j'entends me recommander, moi-même.

Relisez maintenant mes *Pourquoi*, si vous êtes de
ceux qui ayant eu des torts ont le courage de les avouer;
considérez en même tems comment l'économie politique,
sous un régime républicain, lorsqu'elle commande des
réformes, veut qu'on les fasse : et vous rendrez alors plus
de justice à l'extrême circonspection qui, à tous égards,
par pure philantropie et non par aucune crainte de me
compromettre, à dirigé ma plume ici comme ailleurs.

*Salut et Fraternité*

MAUDRU.

18 Messidor an 7.

---

De l'Imp. de ROBLOT, rue de la Huchette, n.° 18.

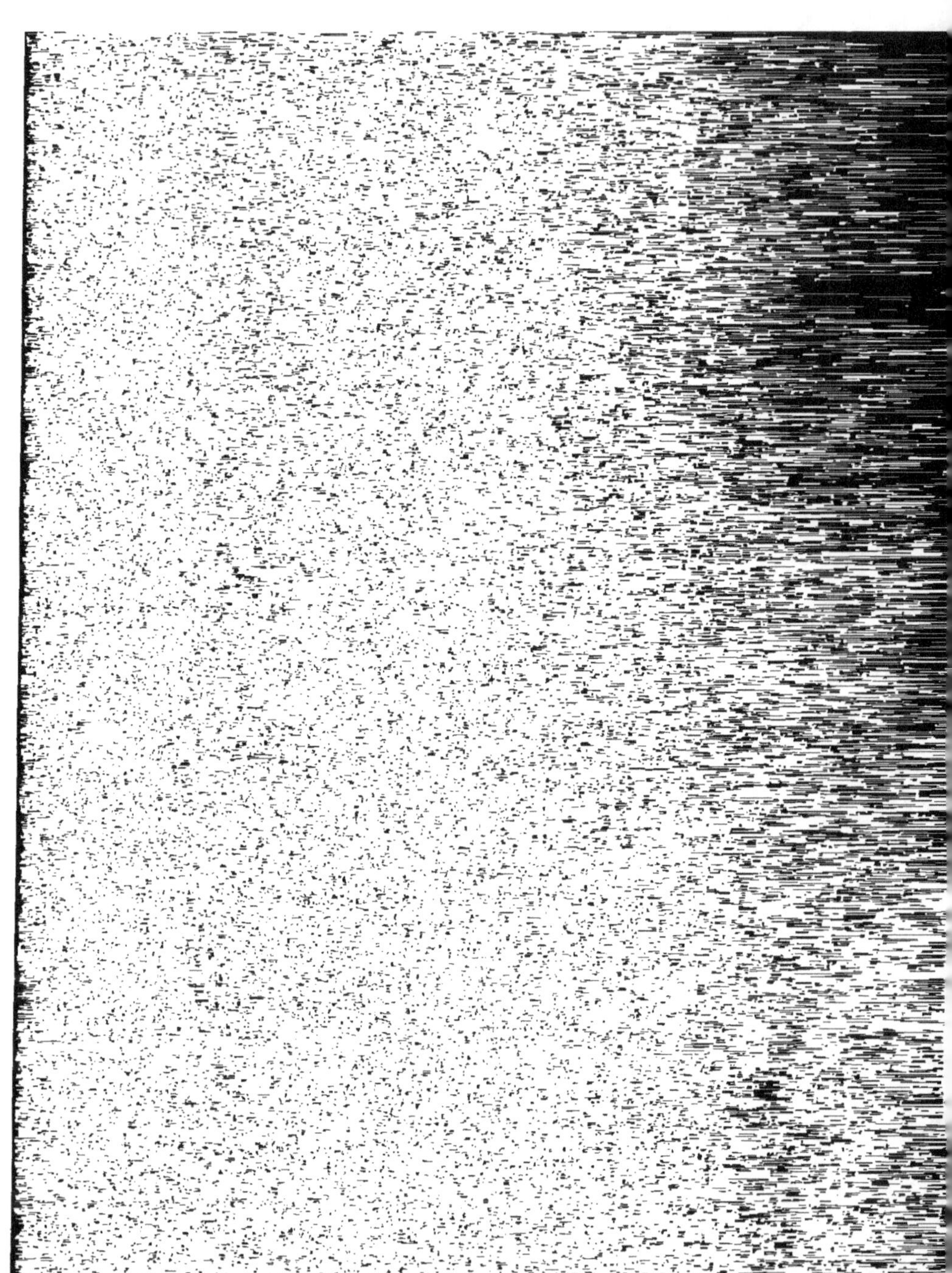

www.ingramcontent.com/pod-product-compliance
Lightning Source LLC
Chambersburg PA
CBHW061201050726
47594CB00008B/3513